짚신과 장독

임보의 시집

짚신과 장독

건강신문사
www.kksm.co.kr

자서 自序

    2021년과 2022년 사이에 쓴 시편들에서 가져온 것들이다.

    독자들에게 쉽게 가 닿을 수 있는 작품들을 고르려고 했는데 어떻게 느껴질지 모르겠다.

    아무쪼록 이 시편들이 여러분의 고단한 마음을 위무해 주고 세상에 대한 긍정적인 생각을 키우는데 도움이 되었으면 좋겠다.

    이 시집을 만난 것이 당신의 생애에서 오래 기억될 만한 아름다운 행운이기를 기대해 마지않는다.

    이 세상에 당신처럼 소중한 존재는 없다.

    이 시집의 출간을 위해서 물심양면으로 도움을 아끼지 않은 천영필 시인께 고맙다는 말씀을 남기고 싶다.

2024년 봄
삼각산 아래 운수재에서
임보

차례

자서自序 • 5

늦음의 아름다움

세속 도량	12
천상천하유아독존	14
어느 덧	15
삶의 가치	16
'힘'에 관하여	18
싸부	20
만남의 기적	22
연鳶	24
지상 도원桃源	26
작은 놈들이 무섭다	28
세종이 세상을 점령하다	30
꽃이 너무 고와 미안타	32
늦음의 아름다움	33
하느님의 목장	34
토벌	37
세상의 주인	40
틀니 고考	41
벌과蜂科와 파리과蠅科	43
한 사흘쯤 죽었다가	45
부질없는 의문	47

우주의 음악

우주의 음악	50
동물과 식물의 대화	52
그리고, 왕이 되었네	54
탁란	56
누구를 찍지?	58
신체적 의문	60
명군明君이 되려면	62
내게 만일	64
손	66
운석隕石	68
사람을 찾음	70
가장 소중한 '금'	71
하느님께 묻습니다	72
나의 투쟁	74
세월	75
삼각산	76
소부巢父와 허유許由	78
그런 사람이 없다	80
선계仙界의 촌장 선거	81
홍얼홍얼	82

생명론

청맹과니	86
힘이 세상을 지배한다	87
그대가 세상을 바꾸고 있다	88
생명론	90
영생	91
자서시 自敍詩	92
시몽 詩夢	94
가장 위대한 사람	96
'유명'에 관하여	98
세상은 내 놀이터	100
내 생애의 전성기	102
눈과 귀	104
해탈	106
나도 내게 훈장이나 하나 달아 주고 싶지만	108
명당	110
열두 동물에 대한 명상	112
세상 밖의 세상들	114
무학 대사께 묻습니다	116
독음 獨吟	118
내가 등극 登極 을 하게 되면	121

짚신과 장독

아직 덜 된 시인	124
노숙인의 노래	126
하루아침에	127
문안	128
산당화 꽃나무 아래	130
반성	133
거짓말을 하지 말라고요?	134
서울참새와 양주참새	135
누리호	136
의자마을	138
개미들은 잘 산다	140
세상이 나를 까뭉개다	142
짚신과 장독	143
누가 바람을 만드는가? - 담시1	145
누가 빨간 사과를 만드는가? - 담시2	148
누가 이 무거운 지구를 붙들고 있는가? - 담시3	150
이 세상이 얼마나 넓은 줄 아느냐? - 담시4	152
우리도 세상을 만들고 있다 - 담시5	154
지상에서 가장 무서운 존재는? - 담시6	157
이 세상에서 가장 소중한 것은? - 담시7	160
인간이 지상의 영장이 된 까닭은? - 담시8	163

늦음의 아름다움

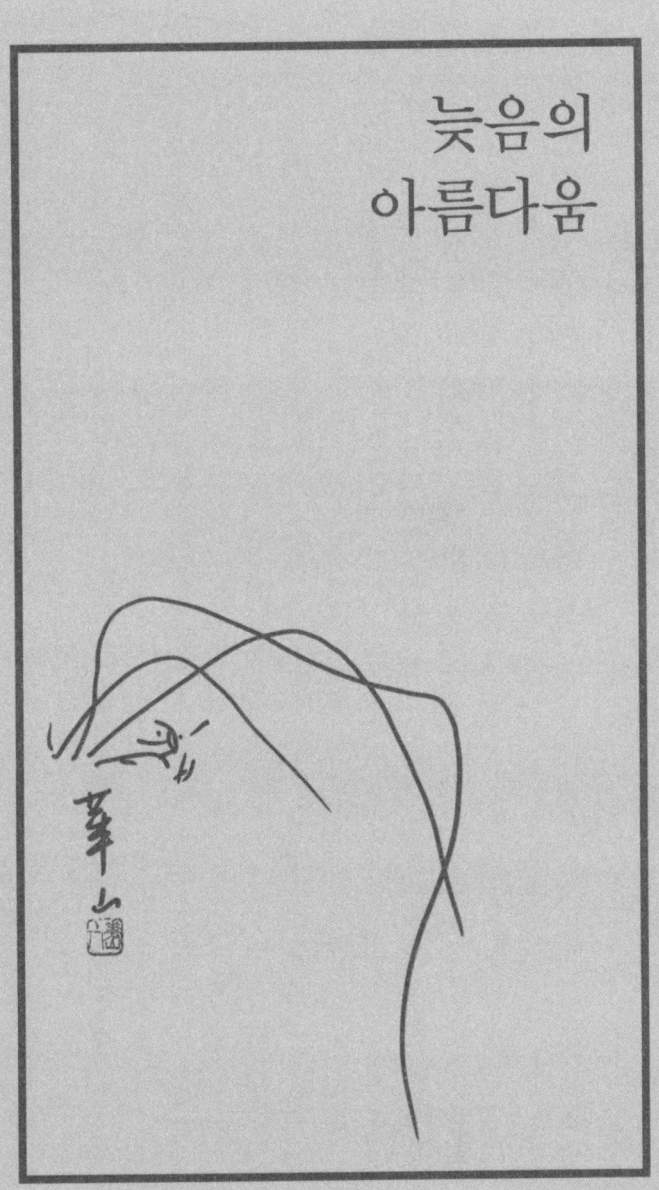

세속 도량

내가 몸을 닦는 도량은
청정무구한 심산유곡이 아니라
천하잡배들이 다 모인
시장바닥이다

내가 모시는 스승은
세상을 초탈한 도인이 아니라
욕망의 번뇌 속에서
이전투구 다투는 속인들이다

정치꾼들이 나를 일깨우기도 하고
장사꾼들이 나를 가르치기도 한다
그렇지만 나는 지진아여서
한평생 시만 붙들고 자빠졌다

얼마나 더 수련을 해야
괜찮은 구성원이 될 수 있을까?

어떻게 해야 이 풍진세상에서
열등생을 면할 수 있을까?

아직 득도의 길은 멀기만 하다!

천상천하유아독존

어느 성현은 태어나자마자
일곱 걸음을 내딛은 뒤
두 손으로 하늘과 땅을 가리키며
'천상천하유아독존 天上天下唯我獨尊'
이라고 외쳤다 하는데

나는 태어난 뒤
80여 년을 굴러다니며
수많은 강과 산을 밟아본 뒤에
겨우 깨달았다는 것이
'天上天下唯我獨存'이다

'獨尊'과 '獨存'
소리는 같지만 뜻은 하늘과 땅이다.

* 독존獨尊 : 혼자만 높고 귀하다.
* 독존獨存 : 홀로 존재하다.

어느 덧

엊그제는
부모님의 사랑스런 외동아들
조부모님의 금지옥엽 손자였는데

어제는
두 아들과 두 딸들의
약대 같은 애비였다가

허허!

오늘은 어느덧
손자 손녀들의 꼰대
백발성성한 할애비로구나.

삶의 가치

'삶'은 숨을 쉬는 생명작용을 뜻한다
그러나 '삶'의 의미는 그냥 '살아 있음'에 있지 않고
'어떻게 살아 있느냐'가 문제다

예를 들자면
잠을 자는 시간은 살아 있어도 사는 것이 아니다
환자가 투병하는 기간은 제대로 사는 시간이 아니다
하는 일 없이 건들거리며 보내는 것도 사는 시간이
아니다

삶의 의미는
창조적인 행위나 창조적인 생각을 하는 데 있다
아무리 호의호식을 하고 살아도
그의 삶 속에 창조성이 없다면 이는 헛 사는 것이다
(호의호식? 그런 삶은 누구라도
그런 환경만 되면 그렇게 살 수 있다)

제왕의 자리에 있어도 헛 사는 사람이 있고
옥중에 갇혀 있어도 창조적인 삶을 살기도 한다
농부의 삶일지라도 그 생각이 새로우면
잠자리에 누워서도 그 생각이 새로우면
그의 삶은 의미 있는 삶이 된다

비록 에디슨이나 슈바이처, 모차르트 같은
세계적인 인물이 아닐지라도
그대의 생각이 세상을 아름답게 바꾸어 보겠다는
꿈을 지니고 살아간다면
그대의 삶은 보석처럼 빛나리라

   인생의 가치-삶의 가치는 곧 수명의 길이로 좌우되는 게 아니라
   창조적인 생각을 하는 시간의 길이로 평가 된다.

'힘'에 관하여

몸이 움직이는 힘을 '체력體力'이라 한다
우리가 활동할 수 있는 건 체력 때문이다
매일 섭취한 음식물들이 체력을 만들어낸다

그런데 사람이 살아가는 데는
체력만이 아니라 여러 가지 힘이 필요하다
그 중에서도 요긴한 것이 '지력知力'이다
'아는 것이 힘'이라고 하지 않던가?
그래서 사람들은 많이 배워 '학력學力'을 키운다

하지만 사람들이 가장 선호하는 것이
무엇인 줄 아시는가?
돈- 바로 '재력財力'이다
(돈만 있으면 못 할 일이 없으니 그럴 만도 하다)

그 다음 사람들을 현혹시키는 힘이 무얼까?
'권력權力'이다

민중들을 휘어잡고 떵떵거리는 힘
그것이 얼마나 장쾌한 지는
누려보지 않은 사람은 상상을 할 수 없다

그런데 나는 무슨 '힘'을 갖고 있는가?
재력도 권력도 없을 뿐만 아니라
이젠 체력도 달려 비실거리며 지내지 않는가?

한때 믿었던 '필력筆力'도 볼품없어지고
하다못해 '담력膽力'도 없이 어정거리며 지낸다.

싸부

내게서 몇 해 시를 들은 바 있는
나이가 좀 든 문하생이 있는데
술자리에서 내게 전화를 하면서 나를 호칭키를
'싸부'라고 한다
사부師父는 스승을 높여 이르는 말이지만
'싸부'는 좀 듣기 거시기하다

무슨 깡패집단의 우두머리 같기도 하고
무슨 주물공장의 화부 같은 느낌도 든다

아무튼
'사부'라고 호칭하기는 좀 민망하다는,
말하자면 별로 존경하고 싶진 않지만
마지못해 그렇게 부른다는
묘한 뉘앙스를 담고 있는 것도 같기 때문이다

"여봐, 그렇게 어렵게 부르지 말고 그냥

'선생'이라고 불러!"라고 말하고 싶지만
나는 그냥 그만두기로 한다

까다로운 '싸부'가 별 트집을 다 잡는다고
빈정거릴 게 뻔하지 않겠는가?
아니,
근본적인 문제는 내게 있겠다 싶기 때문이다.

만남의 기적

한 사람이 한 사람을 만난다는 건
얼마나 큰 사건인가?

천상의 두 별들이 만나는 것 못지않은
눈부신 기적이다

지기가
서로 평생을 두고 내왕하는 건
생애의 소중한 시간들을
서로에게 할애하는 황홀한 자선이다

더더욱 부부가
두 몸이 한 몸이 되어
한평생 같이 산다는 것은
서로의 일생을 상대에게 바치는 헌신이다

그런데

서로를 헌신할 수 있는

그런 지기와 배필을 만난다는 것이

어찌 아무에게나 허락되는 일이겠는가?

억겁의 선과가 빚어낸

인연이 아니고서야…

연鳶

왕대밭에 들어가 백년 묵은 큰 왕대를 베어
잘 다듬어 연살을 만들고 싶다

장살 중살 머릿살 허릿살
네 살을 쌀 미米자 형국으로 바르게 엮어
닥나무 질긴 조선종이에 잘 붙여
큼지막한 방패연을 만들고 싶다

그 방패연을
얼레에 두툼히 올린 질긴 명주실에 매달아
바람에 날리고 싶다
얼레의 명주실이 다 풀리도록
가물가물 띄우고 싶다

그 연에 내 그리움을 실어
한 보름쯤 당기다가
정월 보름날밤

달집에 걸어 날려 보내고 싶다

달집에 불을 붙여
멀리 멀리 하늘 깊숙이 파묻고 싶다.

지상 도원桃源

개도 꽃을 좋아할까?
모란이나 장미꽃 앞에 걸음을 멈추고
꽃을 바라다보는 개는 없다

새도 음악을 알까?
차이코프스키가 연주되는 창가에 모여들어
귀를 기울이는 새는 없다

꽃밭을 가꾸고
연주회를 즐기는 사람들이여!
게다가 시도 읊고 술도 마신다고?

지상은 인간들이 만든
별유천지別有天地

만일 천상의 천사들이
인간의 풍속을 알게 된다면

스스로 천도天道를 파계해

지상으로 유배해 내릴지도 모른다.

작은 놈들이 무섭다

물소는 몸이 크고 단단한 뿔을 지녀
그와 맞서는 맹수들은 별로 없다

그러나
거구의 물소를 넘어뜨려 잡는 건
날카로운 이빨을 지닌 사자다

그래서 사자를 두고
백수의 왕이라고 일컫는다

그런데
그 백수의 왕 사자를 뜯어먹고 사는 놈이 있다
어떤 맹수인 줄 아는가?

뿔도 이빨도 사나운 발톱도 없는
콩알보다도 작은 쉬파리들-
그들이 사자의 얼굴에 앉아

우글거리고 있질 않던가?

하기야
지상의 깡패 인간들을 혼쭐내는 놈들도
매머드처럼 거대한 동물이 아니라
눈에 보이지도 않는 작은 녀석들
코로나19 같은 미물들이 아니던가?

세종이 세상을 점령하다

세종은 조선조 제4대 임금의 칭호인데
한글을 창제하는 등 많은 치적으로
후손들의 존경을 받고 있다

서울에 세종로라는 이름이 붙고
세종문화회관이 건립되고
세종대학이 세워지고
세종호텔이 생겨나더니

세종특별시가 만들어지고
세종연구소, 세종병원, 세종법무법인, 세종사이버대학,
세종테크노파크, 세종텔레콤, 세종맥주, 세종기획
세종산업, 세종해운…

이러다간
설렁탕, 떡볶이, 대포집, 복덕방…

가게란 가게들까지도 다
세종대왕의 손에 들어가고 말겠다

하기사
화폐에도 그가 들어앉아 있으니 이미
세상을 다 점령한 거나 다름없지 않는가!

꽃이 너무 고와 미안타

4월 산꽃들이 저리 고운데
홀로 보려니 너무 미안타

이 환한 봄날
몸이 불편해 문밖에 못 나온 사람들아

일터에서 동분서주
눈코 뜰 새 없이 바쁜 사람들아

더더욱
어제 아쉽게 떠난 사람들아
꽃이 너무 고와 미안타!

늙음의 아름다움

늦가을 단풍 든 산은 아름다워라
그 산 위의 저녁노을은 또 얼마나 황홀한가?

낡은 고찰의 이끼 앉은 기와지붕도
버선발들에 씻겨 반들반들해진
오래된 향교의 마루도 그윽하고

문갑 위에 놓인 고려청자 항아리며
꿈틀대는 아름드리 소나무는 또 어떻던가?

그러나
그보다 더 아름다운 것은
늦은 밤
은발의 한 노인이 시를 암송하는 소리거니…

하느님의 목장

이 지상은 하느님이 가꾸신 목장이다
육지에는 천만 짐승들을 놓아기르시고
바다에는 천만 어류들을 풀어 기르시고
공중에도 백만 날짐승들을 방목하신다

왜 그렇게 기르시는지는 알 수 없지만
길러서 어떻게 하실지는 모르는 일이지만
억만 생명들을 그렇게 길러내신다

그런데 언제부터서인가
영악한 인간들이 이 지상의 주인행세를 시작했다
우리를 만들어 소와 양과 닭들을 가둬 기르고
그물을 엮어 바다의 물고기들을 갈취했다

그리고
인간들 스스로가 지상의 주인임을 자처하며
산을 허물어 길을 내기도 하고

강을 막아 댐을 만들기도 하고
불을 이용하여 물건들을 생산해 내면서
지상의 패권을 장악했다

어디 그뿐인가?
인간들은 지구를 탈출하여
새로운 영토를 확장하려는 음모를 꿈꾸지 않는가?

이놈들 봐라
제 분수도 모르고 너무 못되게 나대는구나!
하느님은 드디어 천군天軍을 파견해
인간종자들을 토벌하기로 한다

하느님의 목장인 지상을 지키기 위해
하늘이 파견한 토벌군
눈에 보이지도 않은 작은 균병菌兵들-'코로나19'!

하늘 높은 줄 모르고 우쭐대던 인간들이
혼비백산 혼쭐나고 있다.

토벌

아침 해가 돋기 전에 일찍 출정을 해야 된다

내 농장에 잠입을 해서 작물을 약탈하는 도적들을 색출 살상하는 작전이다
출정이라 할 만큼 큰 규모의 병사들을 보유하고 있는 처지는 아니지만
은폐한 도적들을 색출 처형하는 작전이니 그렇게 부를 만도 하다

장도에 오른 병사는 단 두 사람-나와 아내다
농장은 내 뜰에 자리한 뒤 평짜리 무밭이다
나는 용감한 사수, 아내는 겁쟁이 조수
나는 수색에서 살상까지 책임을 맡고 있는 저격수고
아내는 무기-나무젓가락을 들고 나를 따라다닌 조수다

파란 무 잎을 갉아먹는 무 벌레는 무처럼 파란 보

호색이어서

    색출해 내기가 쉽지 않다

    그러나 놈들은 자신의 흔적인 검푸른 똥들을 남기고 있기에

    그 배설물들을 추적해 가면 은폐해 있는 놈들을 검거할 수 있다

    아내는 보기만 해도 징그럽다고 질겁하며 외면을 하지만

    나는 아내가 건네준 무기-나무젓가락으로

    그놈들을 포획하여 능지처참을 한다

부처님의 가르침은 '살생하지 말라'인데
나는 그 계율을 어기고 날마다 살생을 감행한다
중생들과 좀 나눠먹어도 되지 않나 싶기는 하지만
자비를 베풀면 내가 굶을지도 모른다는 생각으로
아침마다 토벌의 장도에 오르곤 한다

헌데 문제는 그 벌레들이 내 처형을 피해 살아남으면

하얀 날개가 돋아 하늘을 난다는 사실이다

그러니 나는 그놈들의 승천을 방해하는 악귀인 것만 같아

어쩐지 마음이 개운치가 않다.

세상의 주인

세상의 중심이 서울일 것이라고?
아니, 뉴욕이나 파리일 것이라고?
아니면, 북극이나 남극의 축軸-극지極地일 것이라고?

천만에
그대가 서 있는 바로 그곳이 중심이다

해가 뜨고
해가 지며
봄 여름 가을 겨울이
바로 그대의 발밑에서
바뀌며 돌아가지 않는가?

그대여 눈을 크게 떠 보시라
그대가 바로 이 세상의 주인이다.

틀니 고考

　　내가 반세기 가까이 살고 있는 집이 헐고 헐어
　　비가 새고 금이 간 곳이 많음을 보면서
　　80년 넘게 데불고 온 내 육신이 얼마나 온전할 것
인가 생각하며
　　몸의 아픔을 달랜다

　　눈과 귀는 아직 그런 대로 제 기능을 하지만
　　허리와 이齒는 아주 엉망이다
　　치아는 거의 다 달아나 위아래가 다 의치인데
　　위에는 몇 개의 임플란트를 심어 지탱하고 있지만
　　아래는 남은 두 개의 이에 틀니를 걸었다
　　헌데 세월이 지나자 견디지 못하고 무너지고 있으니
　　참 난감한 일이 아닐 수 없다

　　그만큼 먹었으면 인제 그만 먹어도 된다는 하늘의 뜻
이거늘
　　틀니에 임플란트까지 하면서 먹기를 탐내고 있는

꼴이

    측은한 것 같기도 한데

    이를 다 잃게 되면 먹는 것은 고사하고

    내가 밤낮으로 흥얼대며 지내는 그 낭창*을 못할 판이니

    이 얼마나 답답하고 섭섭한 노릇인가?

    흔들리는 두 개의 이빨이여

    조그만 더 참고 버티어 다오!

* 낭창朗唱 : 율동적인 가락에 실어 흥겹게 읊어대는 시낭송

벌과蜂科와 파리과蠅科

벌은 꽃만 찾아다니며 꿀을 먹고 사는데
파리는 단 것 썩은 것 가리지 않는 잡식성이다

양이나 마소는 풀만 먹는 초식동물
사람은 동물 식물 어패류
날것, 익은 것, 삭힌 것 가리지 않는 잡식성이다

초식성인 마소는 벌과라면
잡식성인 사람은 파리과다

파리과인 사람들 가운데서도

집파리

똥파리

쉬파리…

아니, 시詩- 시파리인 족속도 있기는 하다.

한 사흘쯤 죽었다가

평소 내게 인색했던 매스컴들이야
임보가 죽든 살든 별로 관심이 없겠지만
내가 떠났다는 부음이
페이스북 한 귀퉁이에라도 뜨게 되면
내게 '좋아요'를 많이 날렸던 몇 친구들은
비록 입에 발린 말일지라도
천국과 극락을 들먹이며 명복을 빈다고
애도의 말을 몇 마디씩 할지 모른다

혹 남몰래 나를 좋아한 사람이 있어
초라한 빈소에까지 찾아와 조화 한 송이 붙들고
한 나절쯤 흐느끼며 엎드려 있다면
내 어찌 그를 모른 척하고 떠날 수 있으리
드디어 마지막 관의 뚜껑을 닫으려 할 때
나는 누웠던 자리에서 벌떡 박차고 일어나
수의를 걸친 채 다시 깨어날 것이다

영결식에 모인 사람들은 혼비백산
어찌할 바를 모를 것이며
이 경이로운 소식이 온 세상을 떠들썩하게
흔들 것이 아니겠는가?

세상이야 어떻게 돌아가든 오불관언!
나는 날아든 한 마리 큰 학을 타고
'붉은 언덕丹丘'으로 깃을 치며 날아갈 것이다.

부질없는 의문

샤워를 하다가 문득 가슴에 달린 두 개의 꼭지에 시선이 머물자 생각한다
'그것이 왜 거기에 달렸지?'

조물주의 실수로 잘못 만들어진 건가?
아니면, 태초엔 남성도 수유授乳를 했다는 증거인가?
아니면, 언젠가는 남성도 육아의 기능을 갖게 되리라는 징조인가?

하기야 어떤 물고기*는
남성이 입 속에 새끼들을 담아 기르기도 한다고
하지 않던가?

가슴이 간질간질하다.

* 카디날피시라는 물고기의 수컷은 알과 새끼를 입속에 넣고 다니며 기른다고 함.

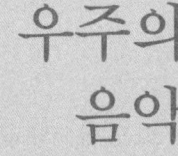

우주의 음악

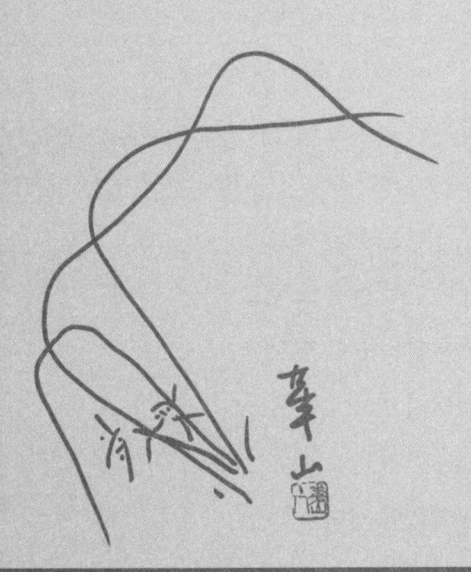

우주의 음악

우리는 세상의 음악을 만드는
하나의 음표들입니다

자신의 음을 충실히 내야
우주의 음악을 잘 만들 수 있습니다

나무는 잎으로 음을 만들어내고
새는 날개로 음을 만들어내고
물고기는 지느러미로 음을 만들어내고
사람은 입으로 음을 만들어냅니다

어떤 사람이 만든 음은 푸르고
어떤 사람이 만든 음은 노랗고
어떤 사람이 만든 음은 빨갛고
또 어떤 사람이 만든 음은 검습니다

그 다양한 음들이 모여

세상의 심포니 - 우주의 음악이 만들어집니다

튀고 싶다고요?
그럼 한번 튀어 보세요!

비록 그것이 불협화음일지라도
당신은 우주의 음악을 구성하는
중요한 한 음표가 됩니다.

동물과 식물의 대화

동물의 말

식물 너희들은 얼마나 답답하냐?
한평생 한 곳에 붙박여 움직일 수도 없어
가 보고 싶은 곳 가 볼 수도 없고
만나고 싶은 친구 만나볼 수도 없으니…

식물의 말

우리들은 한 곳에 자리 잡고 있어도
먹을 것 걱정 않고 편안하게 잘 살아가는데
동물 너희들은 먹을 것이며 사랑할 짝 찾아
한평생을 떠돌아다녀야 하니
얼마나 번거롭고 고달프냐?
우리는 움직이지 않아도 필요하면
고운 꽃과 달콤한 꿀을 만들어
동물들을 불러 일을 시키지 않더냐?

답답하긴 뭐가 답답하단 말이냐?

그리고, 왕이 되었네

케냐의 한 흑인 소년이 물을 길어다 주고
반짝이는 은화 한 닢을 받았네.

그 은화로 무얼 할까 이 궁리 저 궁리를 하다
시장에 가서 낚시 바늘을 하나 샀네.

그 낚시로 강에 나가 팔뚝만한 숭어를 낚았네.
잡은 숭어들을 팔아 돈을 모았네.

모은 돈으로 그물을 사서 바다로 나갔네.
그 그물로 참치 떼를 훑쳐 배를 샀네.

선장이 된 소년은 고래를 잡으러 먼 바다로 나갔네.
태평양에서 고래를 쫓다가 한 섬을 발견했네.

물고기와 열대 과일이 지천인 녹색의 무인도
그 섬이 소년을 붙들고 놓아주질 않았네.

할 수 없이 그 섬에다 나라를 세우기로 했네.
그리고, '바다의 성城'이란 나라 왕이 되었네.

탁란

뻐꾸기는 스스로 알을 품어 새끼를 부화시키지 못한다.

그래서 때까치나 종다리 딱새 혹은 오목눈이 같은 새들이 알을 낳은 둥지에 자신의 알을 몰래 낳아 부화케 한다. 대리모들은 자신의 알들보다 큰 뻐꾸기 알을 잘 품어 부화시킨다. 일찍 알에서 깨어난 뻐꾸기는 대리모가 물어 온 먹이를 혼자서 독차지하고 대리모의 새끼들을 둥지 밖으로 밀어내 떨어뜨린다.

봄날 뻐꾸기 에미는 주위를 맴돌면서 뻐꾹뻐꾹 온종일 울어댄다.

하기야 사람의 세상에서도 개구멍받이라는 것이 있어서 새끼를 낳아 자신이 기를 수 없을 때 남의 집 울타리 구멍 안으로 밀어 넣고 가는 일이 있었다.

어려웠던 한때 이 나라에서는 보육원에서 맡았던 아이들을 외국의 양부모에게 입양시키기도 했는데, 잘 자란 후에 고국을 찾아온 경우도 없지 않았다.

하지만

뻐꾸기 놈의 경우는 너무 기가 막혀 욕도 안 나온다!

저 놈의 버르장머리를 어떻게 고쳐준다?

누구를 찍지?

대선 9개월을 앞두고 있는 시기
집권을 꿈꾸는 여야의 잠룡 수십 명이 고개를 쳐들고 들썩인다
인구 5천만의 작은 이 나라에 이렇게 인물들이 많단 말인가?
예비후보 경선에서 그들의 정견을 들어보면
나라와 국민을 가장 아끼고 사랑하는 자가 본인이라는 주장이다
우국충정이 넘친 이 많은 인물들 가운데 누구를 선택해야 된단 말인가?

한 중년이 중얼거린다
"국민을 위해 전 재산을 내놓겠다는 자가 있으면 그를 찍겠다!"

한 청년이 이른다
"국가를 위해 목숨을 내놓겠다는 이가 있으면 그를

밀겠다"

그러자 지켜보고 있던 한 노인이 말씀하시기를
"재산? 목숨?… 나라를 위해 새끼손가락 하나라도 바칠 자가 있다면 나는 그를 따르겠네!"

신체적 의문

내게는 은밀한 곳에 신체적 비밀이 있다
머리카락이 머리가 아닌 불필요한 곳에 나 있다
그곳이 어디인지 궁금하다면
못 밝힐 것도 없다
바른 쪽 귓바퀴의 윗부분이다

평소에 갈신거려 만져 보면
한 오라기의 머리카락이 잡힌다
잘못 돋아난 놈이라고 뽑아내도
한동안 지나고 보면 다시 자라나 있다

귀는 머리와 가까운 거리여서
귀의 한 세포가 곁의 머리털들을 보고
저도 벤치마킹을 해서 머리털을 길러낼 것인가?
아니면, 이 몸뚱이가 처음 만들어질 때
머리의 세포 한 개가 귀에 잘못 박혀
머리털을 자라게 하는 것인가?

완전무결해야 할 생명체의 설계도에
약간의 착오(?)가 있었던 게 분명하다

그런데 이러한 비정상적인 착오가 만일
내 육신의 곳곳에 존재하고 있다면
그리고 그것들이 내가 인식하지 못한 가운데
불협화의 소란을 피우고 있다면 어떨까?

예컨대
장의 한 세포가 간에 붙어 지낸다든지
간의 한 세포가 폐에 붙어 지낸다든지…
그래서 그것이 혹, 교란을 일으켜 질병이 되기도 하고
정신착란을 유발하는 요인이 되는 건 아닌지…

우주의 세상도 광막하고 어둡지만
이 작은 몸뚱이 속도 캄캄하기는 마찬가지다.

명군明君이 되려면

한 나라를 움직이려면 많이 알아야 한다고?
물론 박학다식 많이 아는 것도 중요하다

온 국민을 보살피려면 가슴이 넓어야 한다고?
물론 수천만 백성들을 껴안을 수 있는 큰 사랑도 소중하다

시대와 국제정세를 파악할 수 있는 판단력이 있어야 한다고?
물론 시대적 변화 국제정세를 뚫어볼 수 있는 혜안도 필요하다

그러나 그것들보다도 더 중요한 것은
'사람을 보는 눈'이다
능력과 덕을 갖춘 인물을 분별해서 적재적소에 등용하는 지혜다

그러니

자신의 손과 발이 되어 줄

능력 있는 사람들을 잘 만나야 명군이 될 수 있다.

내게 만일

내게 만일 정교한 인쇄술이 있다면
100달러짜리 위폐를 몇 천만 장쯤 찍어
맨해튼의 중심에 거대한 건물을 하나 세우고 싶다.

이름 하여 인디언 기념관이라 칭하고
그 기념관 앞에 자유의 여신상보다 더 높고 크게
백마 탄 인디언 추장의 동상을 세우고 싶다.

그리고 그 기념관 옥상에 거대한 북을 매달아
1년 365일 내내 쿵 쿵 쿵
로키산맥이 흔들리도록 울리고 울리며
아메리카 원주민 인디언들의 영혼을
위무해 주고 싶다.

아니, 온 세상을 뒤흔들고도 싶다.

(대륙도 훔치는 판인데 위폐범이 무슨 대수인가!)

인디언 아파치 족의 그 '아파치'는
조선말 '아버지'에서 왔다는 설도 있다.

손

다른 동물들처럼
네 발로 지상을 기던 인간이
어떻게 일어설 생각을 했을까?

앞의 두 발을 들어올려
손으로 쓸 생각을 어떻게 했을까?

그 손으로 어떻게
창과 활을 만들 줄 알았을까?

그 손이 온 세상을 점령하여
허물고 쌓고, 자르고 잇고 하며
세상을 이처럼 어지럽힐 줄을
하느님도 미처 모르셨을까?

인간들은 자기 손으로
자신의 무덤을 스스로 파고 있는지도

모르는 것일까?

운석隕石

운석은 별똥별입니다. 별에서 떨어져 나온 조각들이 광막한 허공을 떠돌다 지구의 인력권에 들어오면 지구를 향해 추락해 내리지요. 그때 대기와의 마찰로 인해 불이 붙게 되는데, 그것이 유성流星-별똥별입니다. 그렇게 타다 남은 별똥별이 지상에 떨어지면 그것을 일러 운석隕石 혹은 운철隕鐵이라고 한답니다. 그러니 운석이나 운철은 지구가 아닌 다른 천체의 한 부분이므로 귀한 것이 아닐 수 없습니다.

그래서 운석의 값은 같은 무게의 금보다 10배나 더 비싸게 거래되는 모양입니다.

몇 해 전에는 경남 진주에 몇 개의 운석이 떨어져 세상을 흥분시키기도 했지요. 산야에는 수수 억만 년 동안 떨어진 운석들이 많이 박혀 있을 터인데 보통사람들은 식별하기가 어려우니 모르고 지나치는 게지요.

나는 30대에 돌에 미쳐 몇 년 동안 강가의 돌밭을 헤집고 다닌 적이 있습니다. 소위 수석水石이라는 걸

찾느라고 말입니다. 그러다 부질없는 짓임을 깨닫고 그만두기는 했습니다만, 지금도 우리 집 마당엔 그때 주워온 돌들이 굴러다니고 있습니다. 그 돌들 가운데 혹 하늘에서 떨어진 놈들이 있나 하고 살펴보곤 합니다만, 나의 옅은 식견으로 쉽게 판별할 수가 있겠어요?

어떤 이는 운석을 찾고 싶으면 사막이나 눈에 덮인 남극 지대를 가보라고 권하기도 합니다. 그런 곳에선 색다른 돌멩이를 찾아내기 쉬울지도 모르지요. 로또 복권을 사서 일확천금을 꿈꾸는 것보다 사막에 가서 운석을 찾는 것이 더 천금을 줄 수 있는 확률이 높을지도 모른다는 생각이 들기도 합니다.

어떤가요? 나와 함께 사막 탐사를 한번 떠나보시지 않을래요? 사하라든 고비든… 아직 사람의 발걸음이 가 닿지 않은 처녀지를 한번 밟아보고 싶지 않으신가요?

사람을 찾음

저 나그네 누구신가?
어디서 본 듯도 한 낯선 사내

머리는 세고
이빨은 다 무너진 채
오래 헤어졌다 문득 나타난
어린 시절의 친구 같은-

먼 길을 걸어온 듯
우수 어린 눈빛도
아프구나

아, 그대는 정녕 누구신가?
문득 이 아침 나를 내다보고 있는
거울 속의 저 사내.

가장 소중한 '금'

사람들은
'황금'
'현금'
소금'
하며 떠들지만

'지금'만큼
소중한 '금'은 없다.

하느님께 묻습니다

내 다리를 무겁게 하여
걷기를 힘들게 하신 것은
인제 그만 움직이라는 뜻이옵니까?

내 이빨을 다 앗아가시어
씹기를 어렵게 하신 것은
인제 먹기를 그만두라는 뜻이옵니까?

그래도 아직 귀와 눈을 밝게 두신 것은
사물을 잘 분별하여
미망에 들지 말라는 뜻이옵니까?

그런데 왜 기억은 흐리게 하시어
사람들의 이름을 잊게 하신 것은
또 무슨 뜻이옵니까?

그 동안 살았던 80평생의 삶

다 부질없다고 지우라는 뜻이옵니까?

나의 투쟁

나는 세상과 싸우지 않고 나와 싸웠다
그래서 나는 지금껏 패배를 모른다

나는 돈이 아닌 말을 얻기 위해 싸웠다
그래서 나는 몇 권의 시집을 얻었다

나는 명예가 아닌 명분을 위해 싸웠다
그래서 나에겐 아직 큰 적이 없다

80을 넘어선 이젠 싸울 상대가 없다
모두가 다 내 상전임을 비로소 알았다

세월

선녀처럼 고운
한 처녀를 업어왔네

그리고
날마다 부엌에 넣고
하녀로 부렸네

어느 날
부엌에서 나온
한 노파를 보았네

어디서 본 듯도 한
낯익은 눈매

60년 전에 업어 왔던
바로 그 선녀였네.

삼각산

한 아이가 하늘을 향해 누워 있다

두 무릎을 구부려 세우고
두 손을 배 위에 얹고
두 눈은 지그시 감고 누워 있다

인수봉은 오른쪽 무릎
백운봉은 왼쪽 무릎
그리고 만경봉은 좌우 손이다
얼굴은 살짝 바른쪽으로 돌렸는데
눈은 감고 입은 벌린 채
깊은 잠 속에 빠져 있는 형상이다

천손天孫이 지상에 내려와
몇 억겁의 꿈을 꾸고 있는지…
구름 이불이 더러 내려와
그의 곤한 잠을 덮어 주기도 한다.

소부巢父와 허유許由

옛날 중국의 요 임금 시절 소부와 허유라는 은자가 살고 있었다.

요 임금이 나이가 많아지자 나라를 맡길 적절한 인물을 물색하던 중
허유의 소문을 듣고 그를 찾아가 의향을 물어 보았다.

그러자 허유는 몰래 기산箕山으로 도망을 가
영수穎水의 개울가에서 귀를 씻고 있었다.

소에게 물을 먹이러 다가오던 소부가 허유를 보고 물었다.

"무얼 하고 있는 거요?"
"더러운 소리를 들어서 귀를 씻고 있소이다."
"무슨 더러운 소린데요?"

"아니, 요 임금이 내게 나라를 맡으라 하질 않겠소!"

그 말을 들은 소부가 혀를 차면서 소를 끌고 상류로 올라간다.
그 더러운 물을 자신의 소에게 먹일 수 없다면서…

그런 사람이 없다

어지러운 이 나라를 맡겼으면 싶은
그런 사람이 없다

한평생을 곁에 두고 살았으면 싶은
그런 사람이 없다

아니,
하룻밤만이라도

속 터놓고 함께 실컷 울어보고 싶은
그런 사람이 없다.

선계仙界의 촌장 선거

신선 세상에도 민주주의가 있다면
그리고 촌장을 선거로 선출한다면

없는 입후보자를 구하느라
적어도 몇 년은 걸릴 것이고

유세장에 나온 입후보자들은
형님 먼저, 아우 먼저, 사양만 하므로

촌민들은 할 수 없이
윷을 던져 낙점키로 한다

도*를 잡은 사람이
마을의 심부름꾼이 된다.

* '도'는 윷놀이의 도, 개, 걸, 윷, 모, 중 제일 아래인 도(돼지).

홍얼홍얼

내 80여 성상을 돌이켜 보면
참 생산성 없는 일만 해 왔다

씨를 뿌려 곡식을 거둔 일도 없고
나무를 심어 과일을 따본 일도 없고
그물을 던져 고기를 잡은 일도 없고
돈을 부려 재산을 불린 일도 없고…

하기야 사람을 기르는 일에 붙들려
한평생 분필을 잡고 어정거리기는 했지만
몇이나 잘 익어서 곱게 살아가고 있는지
궁금하기만 하다

또 말을 허황하게 얽어
시라는 이름으로 세상에 내놓아
혹세무민惑世誣民 천하를 어지럽히기만 했으니
미혹의 그 죄 어찌 사赦할 것인가?

하지만 내가 할 수 있는 거라곤

시詩라는 공염불-말장난밖에 없어

오늘도 못 버리고 홍얼홍얼 주절거리고 있다.

생명론

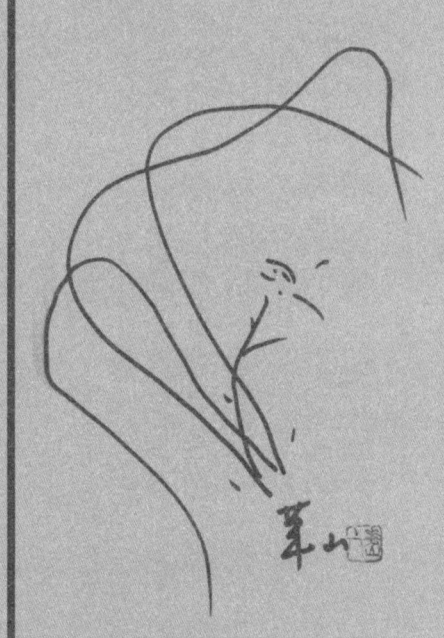

청맹과니

귀가 있어도
너무 작은 소리는 들을 수 없고
눈이 있어도
너무 먼 곳은 볼 수가 없네

아,
귀 밖의 소리는 어떻게 듣고
눈 밖의 소식은 어떻게 알 건가?

한 마리 개미의 더듬이를
우습게 여겼더니

오늘 보니 나도
그에 못지않은 청맹과니로세.

힘이 세상을 지배한다

미얀마가 군부의 총부리에 짓밟혔다고
세계의 자유 시민들이 분개하고 있다

우크라이나가 소련의 탱크에 깔렸다고
세계의 양심들이 들썩이고 있다

그러나 사람들아, 이 지상에서
언제 정의가 실현된 적이 있었던가?

양들은 늘 사자의 먹이가 되고
정어리는 늘 고래의 밥이다

분단된 한반도의 통일을 염원하며
무릎 꿇고 기도하는 천진한 백성들아!

칼을 든 자가 권력을 쥐고 있는 한
통일은 요원한 일이다.

그대가 세상을 바꾸고 있다

세상은 이미 만들어진 것이 아니라
지금 만들어지고 있다
누가 만들고 있느냐고?
바로 그대가 만들고 있다

그대가 일군 한 평의 땅
그대가 심은 한 그루 나무
그대가 지금 만나는 사람
그대가 지금 내뱉는 말

그대의 일거수일투족이 다
이 세상을 바꾸고 있다
그대가 지나간 뒤의 세상이
더 아름답고 향기로워질 수도 있고
더 거칠고 지저분해질 수도 있다

세상은 이미 만들어진 것이 아니라

지금 끊임없이 새롭게 만들어지고 있다
창조주가 만들어 놓은 세상을
그대가 새롭게 완성해 가고 있다.

생명론

거친 광야 잡초들 사이에 피어난
이름 없는 들풀이라고
너무 가볍게 여기지 말라

이래 뵈도 그 시작은
물과 겨뤄도 달리지 않고
산과 겨뤄도 뒤지지 않는다

이름이 무엇이냐고?
이름에 너무 매달릴 것 없다

엉겅퀴며 쑥부쟁이도
아니, 이름 없는 잡초들도 다 그렇다

모든 생명은
우주와 더불어 한 몸이다.

영생

이 억만 중생들을 다 버리고
자네만 극락에 가겠다고?

이 억만 형제들을 다 놔두고
자네만 천국에 오르겠다고?

저 산야에 깃든 수많은 짐승들
저 강하에 잠긴 수많은 어족들

그 많고 많은 중생들 다 놔두고
자네만 영생을 누리겠다고?

이 욕심쟁이 도적놈아
그래 그래 그렇게 해 보라!

그 '영생'의 굴레가 얼마나 지겨울지
한번 둘러써 보시게나!

자서시 自敍詩

한평생 내 삶은 은둔이었네
반세기 살아온 곳 서울이라지만
북쪽 삼각산 밑 솔밭 동네
담장 높은 운수재韻壽齋 작은 골방
서너 평 서재의 책상머리
이웃도 친구도 다 저버리고
외톨이로 버텨온 은거隱居의 삶

한평생 내 삶은 고행이었네
부처님 만나려는 수행이 아니라
시를 찾아 헤매는 미망의 길
말들을 담금질하는 대장장이 삶

가나 더러 모보소 주추쿠투 프흐
거너 도로 무부수 즈츠크트 피히

출세도 황금도 다 못 본 척하고

한평생 내가 한 건 풀무질이었네

이야기 시 『장닭설법』에도
짧은 노래 『운주천불』에도
세상은 별로 눈을 돌리지 않았네

때로는 『구름 위의 다락마을』도 보여주고
때로는 『산상문답』 호연지기 부려도 봤지만
누구 하나 별로 귀를 기울이지 않았네

그래도 익힌 도둑질 버리지 못하고
오늘도 허연 머리 주억거리면서
밤이 깊도록 시밭詩田을 갈고 자빠졌네.

시몽 詩夢

한평생 내 삶은 은둔이었네
세상도 친구도 다 버리고
스스로 담을 쌓는 위리안치 圍籬安置

한평생 내 삶은 구도였네
천하를 주름잡을 시 한 편 빚으려
밤낮으로 오매불망 먹을 갈았네

한평생 그렇게 세월만 보냈더니
어느 날 시신 詩神이 현몽 現夢하기를
명시를 낳게 한 건 바로 자기라네

꿈속에서 나는 악을 악을 썼네
억울한 내 한평생 돌려달라고
그랬더니 그 시신 깜짝 놀라서

꿈을 벗고 그만 도망치고 말았네

잠을 깨뜨리고 그만 줄행랑을 쳤네
시도 주지 않고 그만 사라지고 말았네.

가장 위대한 사람

이 세상에서 가장 위대한 사람은
누구인가?

부처나 예수 같은 성현인가?
소크라테스나 장자 같은 철인인가?
칭기즈 칸이나 나폴레옹 같은 장군?
에디슨이나 아인슈타인 같은 과학자?
모차르트나 피카소 같은 예술가?
아니면, 이백이나 괴테 같은 문인?

천만에!
이 세상에서 가장 위대한 존재는
어느 누구도 아닌 바로 당신이다
비록 그대가 언청이에 말더듬이일지라도
그대만큼 소중한 존재는 이 세상에 없다

이 세상은 바로 그대의 눈 속에 담겨 있고

이 세상은 바로 그대의 의식 속에 존재한다

그대가 있는 곳이 세상의 한가운데
그대가 바로 이 세상의 주인이며
그대가 바로 이 세상의 제왕이 아닌가?

'유명'에 관하여

팔자 좋은 사람은
생전에 영화를 누린다

그래서들 어서 유명해지려고
그렇게 발버둥치고 난리들이다

그러나
자신이 유명해질 줄 모르고 죽은
빛나는 고흐도 있고

생전에 잠시 이름을 얻었다
어둠속에 묻히고 만 얼간이들도 있다

그대의 이름이 남을 만하면
가만히 있어도 세상이 알게 된다

다만

시간이 좀 걸릴 뿐이다.

세상은 내 놀이터

뭘 입을까?
뭘 먹을까?
너무 신경 쓸 것 없다

세상 사람들은
의 식 주에 매달려 야단들이지만
너무 연연해 할 것 없다

추위를 덜게 할 수 있는 옷이면 족하고
허기를 면케 하는 음식이면 충분하고
등을 대고 잠을 잘 수 있는 거처면 된다

동물의 가죽이나 털을 뽑아 옷을 짓지 말라
산해진미로 혀를 잘못 길들이지 말라
고대광실에서 떵떵거리며 살고 싶다고?
부질없는 욕심이 네 소중한 인생을 망칠 것이다

남에게 어떻게 잘 보일 건가에 마음 쓰지 말고
스스로 즐겁게 살 방도를 궁리토록 하라

노래하며 춤도 추며 즐기시라
산을 보면 얼마나 기분이 상쾌한가?
물을 보면 또 얼마나 신명이 돋는가?

세상은 나를 위해 세워진 무대-놀이터
천하 만물이 다 내 노래와 춤의 관객이며
또한 추임새가 아닌가?

내 생애의 전성기

아내가 고백하기를
자기 인생의 전성기는
중학교 시절이라고 했다

졸업식에서 상을 다섯 개나 탔는데
하객들이 수십 명이나 참석하여
박수소리가 가장 우렁찼다고 했다

내 인생의 전성기는 언제였던가?

학창시절?
군대시절?
직장시절?

시를 쓴다고 끙끙대는 시간?
술을 마시며 호탕해 하는 순간?

아무리 찾아보아도
전성기라 부를 만한 때가 없다

어쩌면
90을 바라다보며 가고 있는
하루 한 잔씩 소주를 홀짝이며
시라는 이름의 글을
몇 편씩 끼적대며 지내는
바로 지금이 아닌지 모르겠다.

눈과 귀

태어날 때부터 앞을 못 보는 선천적인 맹인들에게
어떻게 이 세상의 신묘한 모습들을 설명해 줄 수 있을까?

태어날 때부터 귀가 닫힌 선천적인 농아들에게
어떻게 이 세상의 오묘한 소리들을 설명해 줄 수 있을까?

이 세상이 지닌 이렇게 아름다운 모습들을 볼 수 없고
이 세상이 지닌 이렇게 감미로운 소리들을 들을 수 없다니
이 얼마나 어둡고 답답한 노릇인가?

혹시 우리도
영혼의 눈을 못 가져 천국을 미리 못 보고
영혼의 귀를 못 가져 천상의 소리를 못 듣는 건 아

닌가?

해탈

날이 갈수록 내 속이 텅 비어간다

만났던 사람들의 이름과 얼굴
읽었던 책들의 제목과 내용
보았던 고장의 산하
말이며 글자

그것들이 있었던 자리가
휑하니 비어간다

이러다가
본의 아니게
해탈의 경지에 들어가는 것은 아닌지
모르겠다

염불도 모르는 내가
어떻게 탈속하여

생불이 되려는 모양인가?

절도 없는데
이 부처를 어디에 모신단 말인가?
참 답답도 하다.

나도 내게 훈장이나 하나
달아 주고 싶지만

한평생 고생 참 많이 했네
전라도 깊은 산골에서 자라
없는 살림에 서울까지 올라와서
학위 따고 시인 되느라 수고 많았네
돈도 안 된 시에 한평생 매달려
분필 가루 마시며 사 남매 길러내면서도
스물 댓 권 시집 내느라 고생 많았네

세상에 큰 이름은 못 얻었지만
삼각산 밑 우이동 골짝에 틀어박혀서
시우 몇 사람과 더불어 오직 시만 바라다보며
400여 회의 〈시낭송회〉를 매월 갖고
400여 권의 시지詩誌를 매달 발간하면서
반세기 동안 심혈을 기울여
한국현대시의 '정체성'을 수립하려
한평생 고군분투했으니

스스로 치하의 박수를 보내주고 싶네

5년 일하고 떠난 대통령들도 자신에게
무궁화대훈장을 수여하고 떠난다지 않던가?
나도 내게 훈장을 하나 달아 주고도 싶네
하지만 나에겐 훈장을 줄 자격도 돈도 없으니
매실주나 한잔 스스로 권하는 수밖에!

수고 많이 하셨네!
참, 애 많이 쓰셨네!

명당

예로부터 사람은 터를 잘 잡고 살아야 한다고 믿었다.
풍수지리에서는 배산임수를 말하고
유택을 볼 때도 좌청룡 우백호를 들먹이기도 한다.

살아가는 데 터가 중요한 것은 더 말할 나위가 없다.
먹을 물이 좋아야 하고
햇볕이 잘 드는 곳이어야 하고
또한 주변의 땅이 비옥해야 하지 않겠는가?

그러나 요즘은 옛날과는 달라서
북향의 고층아파트에서도
돈만 있으면 잘 산다.

청와대의 터가 너무 세서
역대의 주인들이 화를 면치 못했다고
믿는 사람들이 더러 있는 모양이다.

그러나 이는
힘이 부친 사람이 큰 집의 주인 노릇을 하려니
기력이 달려서 그런 것이지
터에 문제가 있어서 그런 것이 아니다.

일을 잘 처리할 수 있는 능력이 있다면
천하의 사람들은 다 그를 따르고
그가 자리한 곳은 다 명당이 된다.

열두 동물에 대한 명상

동양철학의 근간을 이루고 있는 천간天干과 지지地支
10간干 12지支 중, 12지는 열두 동물로 상징된다

자子-쥐, 축丑-소, 인寅-범, 묘卯-토끼,
진辰-용, 사巳-뱀, 오午-말, 미未-양,
신申-잔나비, 유酉-닭, 술戌-개, 해亥-돼지

12지에서 왜 고양이와 사자는 빠졌을까?
있지도 않은 용이나 징그러운 뱀은 넣으면서
선량한 노루나 사슴은 왜 뺐을까?
닭은 넣으면서 학이나 비둘기는 왜 뺐을까?
하기야 '사람'도 빠지긴 했지만…

만일 내게 열두 동물을 선택하게 한다면
어떤 놈들을 골라잡을 것인가?
우선 사람들과 친근한 가축으로

소, 말, 개, 돼지, 양
그리고 날짐승으로
닭, 오리, 비둘기, 까치, 꿩
그리고 물고기도 뒤 놈 끼워 넣고 싶다
붕어, 메기…

간지를 새로 만들어 본다?
하기사, 새로 만들어 봐야 그놈이 그놈 아닌가?
그냥 내버려 두자!

세상 밖의 세상들

나는 내 발밑에서 꼬물거리는 개미를 보고
'한 그루 느티나무의 끝도 모르는 놈'
하고 비웃지만…

내 머리 위에 앉아 계신 어떤 분은 나를 보고
'땅밖의 세상도 못 보는 놈'
하고 빈정대실지 모른다

세상은 겹겹이 싸인 양파 같아서
껍질 밖에 껍질이 한없이 덮여 있다

태양계 밖에 은하계
은하계 밖에 수많은 대천세계들이
사막의 모래알들보다 더 많이 쌓여 있다

그것을 어떻게 아느냐고?
세상이 끝이 있다면

그게 더 이상하지 않는가?

무학 대사께 묻습니다

600여 년 전
대사께서 잡아 주신 한양의 터가
아마도 지기地氣가 다 소진된 것 같습니다

새로 들어설 주인어른께서
북악산 밑 궁에 들기를 막무가내 싫어하니
뉘 집을 빌어 세를 들 수도 없고
한강가에 천막을 칠 수도 없고
참 난감한 지경에 이르렀습니다

대사님, 지금 어디에 계시니껴?
오늘의 이 민망한 정황을 보고 계시니껴?
몸소 나오시기 어려우시면
현몽이라도 해 주실 수 없으신겨?

계룡산 속으로 들어갈까요?
속리산 밑으로 내려갈까요?

아니면, 그냥
삼각산 자락에 옮겨 앉을까요?

세상사 걱정거리도 참 많고도 많은데
집 걱정까지 하려니
민초들 애간장이 다 녹습니다
어서 좋은 방도를 일러 주옵소서!

독음 獨吟

1
썩은 생선에는 쉬파리들 날아들고
향기로운 꽃에는 벌 나비 찾아든다

어떻게 썩지 않는 말에 향기를 심을까
이것이 늦은 선비의 남은 걱정거리다

2
유명해지려고 버둥댈 것 없다
세상이 알아보면 좋을 것 같은가?
사람들이 그대를 모르면
숨어 살지 않아도 자유롭다

3
머리가 허옇게 센 늙은이가
인젠 가만히 있어도 될 터인데
세상 돌아가는 꼴을 보면
자꾸만 입술이 들썩거리니 참!

4

무슨 일이 있어도
살생은 안 된다

무슨 일이 있어도
전쟁은 막아야 한다

5

더러운 물에 들어서면
발이 더러워지고

흐린 글에 눈을 적시면
마음이 흐려진다

6

아침엔 미음완보微吟緩步
한낮엔 면책산독面册散讀*

오후엔 단시일수短詩一首
저녁엔 매주일배梅酒一杯

* 면책산독 : 페이스북 기웃거리기.

내가 등극登極을 하게 되면

천하의 지관地官들을 불러 터를 크게 잡고
팔도의 대목大木들을 모아 대궐을 높게 세우리라

비서실 위에 점성대占星臺를 두어
나라의 안위와 백성들의 복락을 빌 것이며
'코로나'와 같은 역질疫疾이 오면
무당의 칼춤으로 휘이휘이 몰아낼 것이로다
풍년이 들도록 천신제天神祭를 올리고
수출이 잘 되도록 지신제地神祭를 드리며
주가가 오르도록 전신제錢神祭를 바치리라

말 많은 놈들에겐 입에 재갈을 물리고
손버릇이 안 좋은 자들에겐 수갑을 채우며
함부로 나대는 놈들에겐 족쇄를 매달리라

뜻이 있는 이들은
그날에 천복을 누릴지니

안방에 미리 신당을 차리고
머리를 조아리도록 할진저!

짚신과
장독

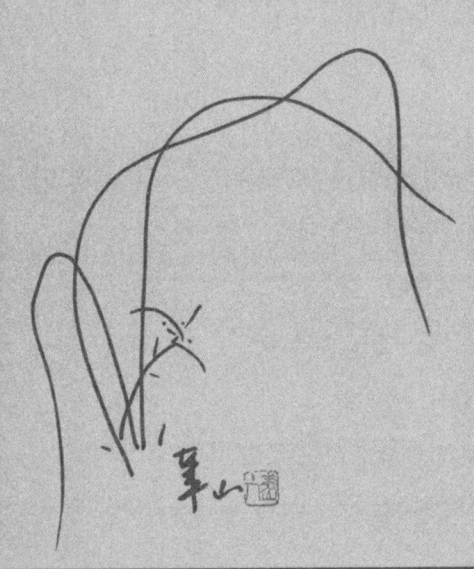

아직 덜 된 시인

한평생 시랍시고 열심히 쓰며 살아 왔습니다
그 동안 20여 권의 시집을 내기도 하며
사람들에게 시를 얘기하며 살아왔습니다.

그런데 세상은 내가 시를 쓰는 사람인 것도 모릅니다
전철역의 스크린도어에 걸린 내 시를
보았다는 사람이 있기는 합니다만
아직 돌에 새겨진 내 시도 없으며
학생들의 교과서에 내 시가 실린 적도 없습니다

말하자면 나는 무명 시인입니다
나는 그것이 한때 많이 억울하기도 했습니다만
내가 만일 유명했다고 하면
얼마나 기고만장했겠습니까?

그럴 줄 미리 아시고 하느님께서는
내게 분수를 알라고 가르치신 것 같습니다.

시인이 다 되려면 아직도 나는
한창 멀었지 싶습니다.

노숙인의 노래

내 집은 너무 커
지붕을 얹을 수 없고

내 방은 너무 넓어
구들을 놓을 수 없네

처처가 다 내 마당이요
곳곳이 다 내 뜰이거늘

나보다 더 넉넉한 자가
도대체 누구란 말인가?

하루아침에

어제는 몽우리였던 민들레가
하루아침에 환하게 꽃을 피웠다

어제는 길거리에서 고물을 줍던 그가
하루아침에 고물상 주인이 되었다

어제는 의회 사무실에서 얼쩡거리던 그가
하루아침에 백만 도시의 시장이 되었다

어제는 무명작가였던 그가
하루아침에 베스트셀러 작가가 되었다

오늘 빌빌거리는 나를 너무 우습게 보지 말라
내일 무엇이 되어 우쭐거릴지 누가 아는가?

문안

어머니
그 나라에서는 평안하신가요?

그 나라에도
논밭이 있고
길쌈도 하고
소도 기르고 하시나요?

누에를 먹일 뽕밭도 있고
솜을 거둔 목화밭도 있고
삼麻을 심는 삼밭도 있나요?

그리고 참
밤늦도록 돌린 손재봉틀도 곁에 있고
이 지상에선 한평생 떨어져 사셨던 낭군도
곁에 계시나요?
이 지상에서 한평생 모셨던 시부모님도

함께 계신가요?

오늘은 어버이날이라고
이 세상에서는 야단들인데
그 나라에도 이런 날이 있는가요?

전화도 편지도 가 닿을 수 없는
그 먼 나라에서
어떻게 외롭게 지내시는지
어머님 생각하며
불초 소자 엎드려 흐느낍니다.

산당화 꽃나무 아래

본의 아니게 장례를 치렀다
작장鵲葬- 까치의 장의葬儀다

한 열흘 전쯤
소나무에서 놀던 까치 새끼 한 마리가
집 앞 뜰로 떨어졌다

아직 날개가 채 자라지 않아
제대로 날지를 못해 떨어진 것 같다
껑충껑충 뜰을 돌아다니면
어미가 짹짹거리며 날아와 살피기도 하고
먹이를 물어다 주기도 했다

그놈이 안쓰러워
삶은 고구마를 잘게 쪼개어 갖다 주었지만
영 부리를 대지 않았다

아래층 베란다 밑 자갈 위에 자리를 잡고 있어서
아침마다 나는 안부를 살폈는데
오늘 아침 보니 두 발을 공중으로 뻗고 영면에 든 게 아닌가?

시신을 쓰레받기에 곱게 받쳐 들고
뜰의 어떤 곳에 안장할까 물색하고 있는데
소나무 위에서 어미까치가 요란스럽게 짖어대고 있다
혹시 나를 원망하고 있는 거나 아닌가 싶어
문득 미안키도 했다

산당화 꽃나무 밑을 골라 묻고
수십 년 전 양수리 강가에서 주워 온
수석水石 한 점을 묘비 대신 얹어 놓았다
내년 봄에 산당화 환한 꽃으로 다시 피어나기를 바라며…

어쩌다 본의 아니게

까치의 호상^{護喪} 노릇을 했다.

반성

아내가 육수를 끓이고 있는 뜰에 앉아서
파리 사냥을 합니다

육수 냄새를 맡고 모여드는 파리들을
파리채로 토벌을 합니다

어떤 놈은 잽싸게 피해 잘 도망가지만
일진 사나운 어떤 놈은 압살을 당합니다

파리 목숨이라더니 참!
내가 이렇게 염라대왕 노릇을 해도 되나?

그들에게도 가족과 친구가 있으려니
떠나가는 슬픔을 어떻게 서로 견뎌낼까?

한참 허공을 보고 서 있다가
파리채를 놓고 그만 집안으로 기어듭니다.

거짓말을 하지 말라고요?

학교에서는 아동들에게 거짓말은 나쁘다고
거짓말을 해서는 안 된다고 가르칩니다

정치가들이 밥 먹듯이 하고
장사꾼들의 입에 발린 그 거짓말을
왜 해서는 안 된다고 가르치나요?

남편은 첫 사랑이 있었음을 아내에게 밝히고
아내는 숫처녀가 아니었음을 고백해야 하나요?

미워 죽겠는데 겉으로 좋아한 척하면 안 되고
쥐뿔도 없으면서 있는 척해도 안 되고
늘 정직하게 말해야 된다고요?

그래도 이 세상이 다 무너지지 않고
이만큼 버틸 수 있는 것은
거짓말의 공이라는 걸 모르시나요?

서울참새와 양주참새

서울에서 양주로 넘어가는 삼각산 고갯길에서
참새 두 마리가 입씨름을 하고 있습니다

서울참새 : "임마, 여기 기웃거리지 말라고!"
양주참새 : "왜? 여기가 네 땅이냐?"

서울참새 : "그럼 내 땅이고말고! 여긴 서울이라고! 양주 촌놈이… 뭣도 모르고…"
양주참새 : "예나 제나 다른 것도 없는데 뭐!"
서울참새 : "저런 바보! 땅값이 얼마나 차이가 있는데!"
양주참새 : "제길헐! 두더지도 아니면서 무슨 땅타령이야!"

누리호

2022년 6월 21일 오후 4시
고흥의 나로우주센터에서
한국형 우주발사체 누리호가
발사에 성공했다

언론은 '우리 우주를 열었다!'고 크게 보도했고
수많은 국민들이 열광했다
'우리도 세계 7번째 우주강국에 들어섰다'고!

작은 대한민국의 국력이
겨우 몇 천만밖에 안 되는 배달민족의 힘이
참 대단하다는 생각이 들기도 한다

그런데
지구의 인력권을 벗어나 우주로 나가는 것이
바람직한 일인가는 알 수 없다
혹시 신의 뜻을 거역하는 불손이어서

벌을 받게 되면 어떡하나 하는

걱정이 없지 않다

목장의 우리畜舍에서 뛰쳐나가려는 가축을

못 본 척할 너그러운 농장주가

세상에 있을 것 같지 않다는 생각이 들기 때문이다.

의자마을

약국을 하는 김 씨가 자신의 가게 앞에 빈 의자를 하나 내놓았다.
걷기 힘겨운 이들을 생각고 쉬어 가라는 배려다.

어떤 때는 지팡이를 짚고 가는 노인이 앉았다 가기도 하고
어떤 때는 임신부가 쉬었다 가기도 하고
어떤 때는 무거운 보따리를 이고 가던 아주머니가 짐을 올려놓고 잠시 쉬어 가기도 하고
또 어떤 때는 노숙인인 듯싶은 사람이 머물다 가기도 한다.

한 달쯤 지난 뒤
길 건너 정육점 앞에도 새 의자가 하나 놓였다.
그리고 며칠 뒤에는 설렁탕집 앞에도 긴 의자가 놓였다.
그러자 그 옆 가게 앞에도

그 옆옆 가게 앞에도
새로운 의자들이 연방 태어났다.

이렇게 의자들이 자꾸 새끼를 낳아
그 마을은 세상에서 가장 의자를 많이 가진
아름다운 의자마을이 되었다.

개미들은 잘 산다

한평생 일만 해도 별 불만 없이 잘 산다
임금도 휴일도 없지만 불평 없이 잘 산다
헌법도 제도도 없지만 질서 있게 잘 산다
세상이 얼마나 넓은지 모르고도 잘 산다

개미들의 삶은 일사불란이다
수많은 구성원들이 이른 아침부터 어둠이 올 때까지
아무런 불평 없이 열심히 일을 한다
비가 와도 따가운 햇볕 아래서도 역사한다
휴일도 없다
분규나 파업도 없다
마주치는 동료들에게 인사성도 바르다
그들을 보면 민주주의 필요 없다는 생각이 든다

그들은 학교도 경찰도 없지만
스스로 다 알아서 잘 살아간다

개미나 꿀벌들의 사회를 보면
인간들이 얼마나 번거롭게 살고 있는가
민망한 생각이 들기도 한다.

세상이 나를 까뭉개다

내가 표를 준 사람은 낙선을 하고
내가 드나든 설렁탕집은 문을 닫고
비가 오면 안방의 천정은 물이 새고
시를 팔아도 고료는 오지 않고

날마다 쓸모없는 수염은 잘도 자라는데

아내는 코로나 보조금이라도 받아보겠다지만
어디에 어떻게 신청을 해야 하는지 알 수 없고

젊은 시절부터 내 이齒를 다 뽑아가
먹을 것도 제대로 못 씹게 하더니

늘그막엔 허리의 뼈를 비틀어
걷는 것도 괴롭게 만들고 있다.

짚신과 장독

어느 산속 암자에
늙은 주지스님을 모시던
한 동자가 있었는데
어느 날 스님의 말씀 가운데
즉심시불(卽心是佛 : 마음이 곧 부처)이라는 말씀을
'짚신이 곧 부처님'이라고 새겨 듣고
엄동설한 댓돌에 벗어 놓은 주지스님 짚신을
그의 저고리 품속에 품고 있다가
스님이 거동하시면 댓돌 위에 내려놓는 것이었다.

어느 큰 사찰의 공양간에서
부엌데기로 일하던 보살이 있었는데
어느 날 스님의 말씀 가운데 나온
지장보살 地藏菩薩을 '간장 보살'이라는 말로 새겨듣고
간장독을 열심히 닦기 시작했다
그 뒤 그 절간의 넓은 장독대에 놓인 수십 개의 장독들은 늘 번들번들한 윤기를 띄고 있는 것이었다.

세상 천지에
이보다 더 갸륵한 일들이 또 어디에 있겠는가?
머잖아 부처님께서 고개를 끄덕이실 것만 같다.

누가 바람을 만드는가?
- 담시1

바람이 몹시 세게 불어옵니다.
마당가에 서 있는 살구나무 가지가 찢길 듯 심히 흔들리고
닫친 창문이 덜컹거리면서 요란한 소리를 냅니다.

두려운 듯 밖을 내다보고 서 있는 열네 살 손자놈에게
호호백발의 할아버지가 묻습니다.
"누가 바람을 저렇게 불게 하는 줄 아느냐?"
"글쎄요. 바람의 신이 있나요?"
손자가 되묻습니다.
"있고말고!"
할아버지가 대답합니다.
"할아버지가 보셨나요?"
"암, 보았지. 너도 아마 보았을걸!"

할아버지가 손자에게 '바람'을 설명합니다.
바람은 공기의 이동이다.
공기가 가벼우면 위로 올라가고 무거우면 밑으로 내려간다.
바람은 무거운 공기가 가벼운 공기 쪽으로 이동하는 현상이다.
그런데 무엇이 공기를 가볍게 하는 줄 아느냐?

손자가 대답이 없자 할아버지가 말을 이어갑니다.
"햇볕이다!"

그러자 손자가 다시 묻습니다.
"그럼 바람의 신이 해라고요?"
"그렇다! 해가 곧 바람의 신이다!
 구름을 만드는 것도 비를 내리게 하는 것도 다
 해- 태양의 힘이로구나!"

지상의 모든 것들을 움직이고 있는 절대적인 존재는 바로 태양이다.

누가 빨간 사과를 만드는가?
-담시2

할아버지가 열네 살짜리 손자에게 다시 묻습니다.

"네가 좋아하는 빨간 사과를 누가 만드는 줄 아느냐?"

"그야 농부지요!"

손자는 자신 있게 대답합니다.

"그래? 과수원에서 사과나무를 기르는 농부란 말이지?"

농부가 비료도 주고 전지도 해 주고 하며 과목을 돌보니

그럴 수도 있겠다고 할아버지는 손자의 말에 동의합니다.

"하지만 말이다!"

할아버진 손자에게 다시 말합니다.

"농부가 없어도 사과나무는 사과를 매단다!"

빗물이 스며들고 햇빛을 받아 꽃을 피우고

벌들이 수분受粉을 해서 열매를 맺게 되는 걸 설명

합니다.

그리고 할아버지는 다시 묻습니다.

"비를 오게 하고, 햇빛을 주고, 벌들을 살게 하는 것이 무엇이냐?"

한참 있던 손자가 말합니다.

"해- 태양이란 말씀인가요?"

"그렇구나, 지상의 모든 생명체를 관장하고 있는 존재는 바로 태양이다!"

누가 이 무거운 지구를 붙들고 있는가?
-담시3

할아버지가 열네 살 손자에게 다시 묻습니다.

"우리가 붙어 살고 있는 이 땅- 지구가 둥글다는 것은

학교에서 이미 배워 알고 있지?"

"네, 지구의 地球儀를 학교에서 보았어요."

"이 지구가 얼마나 무거운 줄 아느냐?"

"상상할 수 없이 무겁겠지요!"

"그래, 59해 7000경 톤이라고 과학자들은 계산한단다."

이처럼 무거운 땅덩이 지구가 하루에 한 번씩

스스로 도는 자전을 하고

1년 365일 만에 태양을 한 바퀴 도는 공전을 한다고

할아버지는 손자에게 설명을 합니다.

"그런데 말이다. 그렇게 무거운 지구를 붙들고

돌리는 게 태양이구나.

그 태양이 지구만 그렇게 붙들고 돌리는 게 아니라
수성 금성 화성 목성 토성 천왕성 해왕성 명왕성
아홉 개의 행성들을 다 붙잡고 돌리고 있으니
얼마나 대단한 힘을 지닌 존재냐?"

이 세상이 얼마나 넓은 줄 아느냐?
-담시4

할아버지가 열네 살 손자를 곁에 앉혀 놓고
강의를 하듯 얘기를 합니다.

"이 세상이 얼마나 넓은 줄 아느냐? 끝도 갓도 없이 참 넓단다."
할아버진 자문자답하면서 손자에게 일러줍니다.

빛이 1초 동안에 갈 수 있는 거리 곧 빛의 속도는 30만 킬로미터
태양의 햇빛이 지구에 도달하는 시간은 8분 20초
빛이 1년 동안 갈 수 있는 거리를 1광년이라고 하는데
우리가 잘 알고 있는 북극성까지의 거리는 434광년이나 된다고 한다.

그런데 밤하늘에 반짝이는 무수한 별들 중 수많은

별들은 광년으로 측정할 수도 없을 만큼 너무 멀리 떨어져 있단다.

그러니 우리가 몸담고 있는 이 우주가 얼마나 넓은지 가늠할 수가 없구나.

이 조그만 지구에 붙어 살고 있는 인간들이 참 초라하다는 생각이 들기도 하는구나.

어떤 천문학자들은 지금도 이 우주는 끝없이 팽창해 가고 있는 중이라고 주장하기도 한다.

그러니 이 세상은 이미 만들어진 것이 아니라 지금도 계속 만들어지고 있는 중이라고 할 수 있다.

우리도 세상을 만들고 있다
-담시5

할아버지가 열네 살 손자를 불러 앞에 세웁니다.
그리고
"내게 물 한 컵을 가져다 줄 수 있겠니?"
손자는 부엌에 가서 컵을 챙겨다가
냉장고의 물병에서 물을 따라 할아버지께 가져다
드립니다.
"고맙구나!"
할아버진 컵을 받아 물을 한 모금 마신 다음
컵을 테이블 위에 올려놓고
손자의 머리를 쓰다듬으며 말씀하십니다.
"네가 세상을 아름답게 바꾸어 놓았구나!"
무슨 말인지 몰라 어리둥절하고 있는 손자에게
할아버지가 덧붙여 설명을 합니다.
"네가 부엌에 있는 컵을 가져다 냉장고의 시원한
물을 담아
할애비의 갈증을 가시게 했으니 말이다."

그래도 납득이 안 간 듯싶은 손자에게 말을 이어갑니다.

우리의 삶은 세상을 변화시키는 행위라고 말합니다.
나무를 심고 논밭을 일구고 댐을 쌓는 것은 말할 것도 없고
한 개의 컵을 깨뜨리고 짐승을 사냥하고 전쟁을 하고…
건설적인 혹은 파괴적인 모든 행위가 세상을 바꾸는 거랍니다.

아니, 탁자의 좌편 위에 놓인 컵을
탁자의 우편으로 옮겨 놓는 것도 세상을 바꾸는 일이랍니다.
우리의 일거수일투족이 다 세상을 바꾸는 행위랍

니다.

그러니 어떻게 사는 것이 현명한 삶이겠는가?

세상을 긍정적인 쪽으로 변화시키는 삶이라는 겁니다.

할아버진 손자에게 말합니다.

세상은 이미 만들어진 것이 아니라 지금도 만들어지고 있다고

우리도 이 세상을 만들어가고 있는 창조주의 하나라고…

살아간다는 것은 세상을 바꾸는 행위다.

지상에서 가장 무서운 존재는?
-담시6

할아버지가 어린 손자에게 다시 말을 건넵니다.
어떤 무리들이 이 지상을 점령하고 있는 줄 아느냐?

한때는 코끼리처럼 생긴 거대한 매머드라는 동물이
지상에 군림하던 때도 있었다고 하지만
지금은 화석으로나 남아있을 뿐 다 사라졌구나.

강력한 무기를 가진 놈들이 패권을 잡는다.
단단한 뿔을 가진 들소가 평원의 제왕이 되고
사나운 이빨을 가진 악어가 강가를 장악하는가 하면
날카로운 이빨과 발톱을 가진 사자가 밀림의 황제
가 된다.
독수리가 공중의 패권을 잡고 있는 것도
사나운 부리와 발톱의 힘 덕분이다.

그런데 이 무서운 맹수들을 제압하는 족속들이 있

구나.

단단한 뿔도 사나운 이빨도 발톱도 없는 인간들이다.

이 연약한 인간들이 어떻게 지상을 제패한 것인가?

'손' 때문이다!

인간은 몸을 지탱하던 두 앞발을 들어 올려 손으로 썼다.

그 손으로 활을 만들고 창과 칼을 벼리어

지상을 평정하고 황제의 자리에 올라섰다.

인간의 머리와 손이 얼마나 대단한가 보라.

도로를 뚫고 땜을 만들고 자동차와 비행기를 만들며

이 지상에 문명의 세계를 구축하지 안 했느냐?

이젠 로켓을 만들어 우주로까지 날아가고 있구나.

그러나 인간들도 최후의 승자는 아니다.

이처럼 영악한 인간들 위에 군림하는 무리가 있다.

그들이 누군 줄 아느냐?

놀라지 말라!

눈에 보이지도 않은 작은 미생물-균菌들이다.

코로나 사태를 겪어보지 않았느냐?

전염병을 비롯해 대부분 질병의 근원은 바로 그 균들이다.

아니, 어쩌면 지상의 모든 주검들은 결국

그들과의 싸움에서 패배한 대가로

그들에게 바쳐지는 공물供物일지 모른다.

이 세상에서 가장 소중한 것은?
- 담시7

 이 세상에서 가장 소중한 것은 무엇으로 생각되느냐?

 -금이나 다이아몬드 같은 보석인가요?

 아니다! 거대한 재산도 광활한 땅도 아니고
그것은 '생명'이다.
'너'는 어디서 왔는지 생각해 보았더냐?

 -아빠 엄마로부터 왔지요.

 그렇구나.
부모뿐만이 아니라
우리의 혈관 속에는 과거 전 조상들의 피가
거대한 장강의 물결처럼 담겨 흐르고 있다.
우리 생명의 끈은

태초의 시원始原에까지 이를 뿐만 아니라
또한 전 우주적 협동으로 이루어진 것이다.
그러니 생명이야말로
소중하고 소중한 존재가 아닐 수 없다.

우리 인간의 생명뿐만 아니라
동물이며 식물 벌레들에 이르기까지
지상의 모든 생명들은 다 그렇게 소중하다.

살생하지 말라
생명을 빼앗는 것처럼 큰 죄악은 없다
그래서 나는 채식주의자들을 존경한다
그런데 생명체는 살생하지 않고는 살아갈 수 없는
게 참 안타깝구나
식물의 씨앗을 훔치는 것도 죄악이니 말이다

그래서 다양한 세계성을 축적한다
인간이 뛰어난 지능을 갖게 된 것은
바로 잡식성이라는 그 식성 때문이다

그리고
인간이 지상의 영장이 된 까닭은?
손과 혀의 덕이다.
손으로 무기를 만들어 다른 동물들을 정복하고
혀로 말을 만들어 정보를 공유하게 된 소이所以다.

임보마음학교

소재지 | 서울시 강북구 도봉로274번지 4층403호
전화번호 | 010-8466-1082
이메일주소 | letsgo65@naver.com
우편번호 | 01128

BA
새마을금고
9002160450760